الطبعة العربية الأولى عام ٢٠١٨

دار جامعة حمد بن خليفة للنشر
صندوق بريد ٥٨٢٥
الدوحة، دولة قطر

www.hbkupress.com

أنف المهرج

الترقيم الدولي: ٩٧٨٩٩٢٧١١٩٧٧٤

تمت الطباعة في الدوحة-قطر في شركة مطبعة الجزيرة ذ. م. م.

مكتبة قطر الوطنية بيانات الفهرسة-أثناء-النشر (فان)

عيشوني، سليم، مؤلف.

أنف المهرج / سليم عيشوني ؛ رسوم سندس الشايبي. – الطبعة العربية الأولي. – الدوحة : دار جامعة حمد بن خليفة للنشر ، 2018.

صفحة ؛ سم

تدمك : 978-9927-119-77-4 (غلاف عادي)

1. المرح – قصص الأطفال. – 2. قصص الأطفال العربية. – ب. الشايبي، رسام. – ج. العنوان.

PZ10.747.Y75 A53 2018

892.737– dc 23

أنفُ المهرِّجِ

تأليف: سليم عيشوني

رسوم: سندس الشابي

دار جامعة حمد بن خليفة للنشر

HAMAD BIN KHALIFA UNIVERSITY PRESS

عمّارُ طفلٌ في العاشرةِ من عمرِهِ، يعيشُ مع عائلتِهِ الفقيرةِ في إحدى الممالكِ القديمةِ.

يحبُّ الألعابَ البهلوانيةَ أكثرَ من أيّةِ ألعابٍ أخرى.

تملكُ العائلةُ قطيعًا من الماعزِ والأغنامِ. يقومُ والدُ عمّارٍ ببيعِ الحليبِ والجُبنِ في سوقِ المدينةِ ليشتريَ قوتَ أسرتِه من خبزٍ وخضارٍ وغيرِهِ.

في صباحِ يومٍ من الأيّامِ، كانَ عمّارٌ يرعى قطيعَ الماعزِ والأغنامِ بالقربِ من بيتِ عائلتِهِ، فسمعَ مُناديَ القصرِ يقولُ: «يا سكّانَ المملكةِ.. يا سكّانَ المملكةِ.. اسمعوا هذا الإعلانَ».

«إنَّ الملكَ يَوَدُّ زرعَ البهجةِ والفرحِ في نفوسِ زُوَّارِ القصرِ، لذلكَ يدعو كلَّ منْ تتوفَّرُ فيهم روحُ الدُّعابةِ للمشاركةِ في مسابقةِ أحسنِ مُهرِّجٍ..

والفائزُ في المسابقةِ سيُوَظَّفُ في مسرحِ القصرِ».

فرحَ عمّارٌ كثيرًا، وقالَ: «سأشاركُ في المسابقةِ لأصبحَ مهرِّجًا مشهورًا وأساعدَ أسرتي الفقيرةَ».

أسرعَ إلى البيتِ مناديًا: «أبي.. أبي!».

كانَ والدُ عمّارٍ يَهِمُّ بوضعِ دلاءَ الحليبِ الطّازَجِ على حمارِهِ، لبيعِهِ في سوقِ المدينةِ.

الأبُ: «ماذا هناك يا بُنَيَّ؟ عُدْتَ باكرًا اليومَ منَ المرعى».

عمّارٌ: «هل سمعْتَ مُناديَ القصرِ؟».

الأبُ: «لا، لم انتبهْ لذلكَ؟».

عمّارُ: «إنَّهُ خبرٌ سارٌّ. قرَّرَ الملكُ تنظيمَ مسابقةٍ لأحسنِ مُهرِّجٍ. والفائزُ في المسابقةِ سيعمَلُ في مسرحِ القصرِ».

الأبُ: «هذا خبرٌ جيِّدٌ، لكنَّهُ لا يهمُّنا في شيءٍ».

عمّارُ: «الأمرُ يهمُّني أنا. لقد تعلَّمْتُ خلالَ الرَّعي مهاراتِ المشي على اليدينِ، واللعبَ مع الماعزِ التّي تُنفِّذُ ما أطلبُهُ منها، فما رأيُكَ؟».

الأبُ: «توكّلْ على اللهِ».

فرحَ عمّارٌ بقرارِ والدِهِ، وبدأ يتدرَّبُ قبلَ موعدِ المسابقةِ. وابتكرَ حيلةً تمكِّنُهُ منَ الفوزِ، وهي إشراكُ عنزتِهِ الصغيرةِ في ألعابِهِ البهلوانيةِ، فعلَّمَها كيفَ تقضمُ حبَّةَ الجزرِ من فمِهِ، على أنْ يفعلَ الأمرَ ذاتَهُ معَها، وهي حركةٌ أضحَكَتْ أسرتَهُ.

تعلَّمَ عمّارٌ حِيَلاً جديدةً مع عنزتِهِ، صارَ عرضُهُ جاهزًا لا ينقصُهُ إلا الاسمُ.

كانَ يتدرَّبُ عشيَّةَ المسابقةِ معَ عنزتِهِ، فوضعَ حبَّةَ الجزرِ في فمِهِ، وأشارَ إلى عنزتِهِ لتَقْضِمَ الجزرةَ، فقَضَمَتْ أنفَهُ.

صرخَ من شدةِ الألمِ: «آه!!!».

انتفخَ أنفُ عمَّارٍ كحبَّةِ تينٍ، فحَدّثَ نفسَهُ قائلاً: «يا إلهي، كيف يَحدثُ هذا لي قبلَ المسابقةِ بيومٍ، لقدْ ضاعتْ أحلامي! سأكونُ سُخريةً أمامَ الملكِ وحاشيتِهِ... ولكنْ، قدْ أتحسَّنُ صباحَ الغدِ».

في صباحِ يومِ المسابقةِ، أخذَ عمّارُ يتلمَّسُ أنفَهُ أمامَ المرآةِ فوجدَهُ متورِّمًا. اقتربَ منهُ والدُهُ وربَّتَ على كتفِهِ.

عمّارُ: «هل تعتقدُ بأنَّ الملكَ سيوظِّفُني وأنا بهذا الشكلِ!؟».

الأبُ: «اعلمْ يا بُنيَّ أنّ التميُّزَ من أسرارِ النجاحِ. قد تساعدُك قضمةُ العنزةِ على الفوزِ».

ظلَّ عمّارُ وحيدًا أمامَ المرآةِ، مكررًا كلماتِ والدِهِ. ثمَّ استخلصَ جملةً من كلمتي «قضمة» و«نجاحٍ» مردِّدًا بصوتٍ مرتفعٍ: «قضمةُ النَّجاحِ»، «قضمةُ النَّجاحِ».

عادَ الأبُ مسرعًا: «مابكَ يا بُنيَّ، أراكَ سعيدًا وقد كنْتَ حزينًا قبلَ قليلٍ».

عمّارُ: «أعطيتني عنواناً لعرضيَ من دونِ أن تدريَ! سأجعلُ «قضمةَ النَّجاحِ» عنوانًا لعرضيَ البهلوانيِّ.

ودَّعَ عمّارٌ عائلتَـهُ، حمـلَ أغراضَـهُ و قَصَـدَ قصـرَ الملكِ، تُرافقُـهُ عنزتُـهُ الصغيـرةُ.

وقفَ أفرادُ أسرتِهِ الصغيرةِ يُودّعونهُ.

عندما وصلَ عمّارٌ إلى المدينةِ، سَمِعَ النَّاسَ يتهامسونَ فيما بينَهم، ويضحكونَ على أنفِهِ الأحمرِ المُتَورِّمِ.

أمامَ مدخلِ القصرِ، تجمّع عدد من المهرِّجينَ للمشاركةِ في هذهِ المسابقةِ.

داخلَ القصرِ، ظهر المللُ على وجهِ الملكِ ومنْ معَهُ، لأنّ عروضَ المهرِّجينَ تكادُ تتشابَهُ. ولا يُوجَدُ ما يُميِّزُ عرضًا عن آخرَ.

قالَ الملكُ لأحدِ مستشاريهِ:

«لن نُوَظّفَ أيَّ مُهرِّجٍ في مسرحِ القصرِ، هذه العروضُ لا تُعجبني!».

المستشارُ:

«هل نُعلنُ عن مسابقةٍ أخرى لاختيارِ مُهرِّجٍ جيِّدٍ؟».

الملكُ:

«كمْ بقيَ من المُهرِّجينَ؟».

المستشارُ:

«بقيَ مُهرِّجٌ واحدٌ فقط، وهو طفلٌ في العاشرةِ من عمرِهِ، لا أظنُّه سيُقدِّمُ ما عجزَ عنْهُ مَنْ يفوقونَه سنًّا وخبرةً».

أعلنَ الحارسُ دخولَ عمّارٍ بصوتٍ عالٍ: «الآنَ نُقدّمُ لجلالةِ الملكِ، والسادةِ المستشارينِ، عرضَ «قضمةِ النَّجاحِ».

دخلَ عمّارُ، تتبعُهُ عنزتُهُ الصَّغيرةُ، فانفجرَ الملكُ وحاشيتُه ضحكًا على أنفِهِ، الَّذي صبغَهُ باللَّونِ الأحمرِ الفاقعِ، ليخفيَ تورُّمَهُ.

قدّمَ عُروضَهُ الهزليَّةَ. وختمَ بمشهدِ قضمِ العنزةِ للجزرةِ.

صَفَّقَ الملكُ والحضورُ الذينَ أعجبَهُمُ العرضُ.

طُلبَ من عمّارٍ الانتظارُ خارجًا، مع بقيةِ المتسابقينَ، إلى حينِ إعلانِ المُهرِّجِ الفائزِ في المسابقةِ.

تشاورَ الملكُ معَ مستشاريهِ ثمَّ أعلنَ نتيجةَ المسابقةِ.

الملكُ:
«الفائزُ في هذهِ المسابقةِ عرضُ «قضمةِ النجاحِ».

فرحَ عمّارٌ كثيرًا، وعانقَ عنزتَهُ، وتذكَّرَ كلامَ والدِهِ: «التميّزُ من أسرارِ النجاحِ. قد تُساعدُكَ قضمةُ العنزةِ على الفوزِ».

ألهمَ عمّارُ غيرَهُ مِنَ المهرِّجينَ في كلِّ بِقاعِ العالمِ، فصاروا يضعون كُرةً حمراءَ على أُنوفِهِم، عندَ تقديمِ عُروضِهم البهلوانيةِ.